AF402621

PLAIDOYER
DE Me PARQUIN

L'ACCUSÉ FIESCHI

A L'AUDIENCE DE LA COUR DES PAIRS,

Du 13 février 1836.

PARIS.

IMPRIMERIE DE DUCESSOIS,

QUAI DES AUGUSTINS, 55.

1836

Je ne comptais pas plaider pour Fieschi. M° Patorni , son compatriote, avait bien voulu se charger de toute la défense. Le 12 février , M. le président Pasquier , remettant la séance au lendemain pour la réplique de M. le procureur général, Fieschi me dit : « Mon-
» sieur Parquin, est-ce que vous ne prononcerez pas quelques
» mots pour moi ? » Je me levai alors et demandai à la Cour de m'accorder une demi-heure avant le ministère public. Ce plaidoyer ne fut donc pas même l'ouvrage d'une journée. Si j'avais eu plus de temps , il aurait été nécessairement plus complet et moins imparfait.

PLAIDOYER

DE Mᵉ PARQUIN

POUR L'ACCUSÉ FIESCHI,

A L'AUDIENCE

DE LA COUR DES PAIRS,

Du 13 février 1836.

MONSIEUR LE PRÉSIDENT,

MESSIEURS LES PAIRS,

Lorsqu'il y a deux jours j'entendais l'organe du ministère public adresser à la Providence de solennelles actions de grâces pour notre excellent roi miraculeusement conservé, pour la France préservée du déchirement des factions, pour l'ordre à jamais affermi, j'avoue que, par une illusion que vous comprendrez sans peine, je me croyais appelé dans cette enceinte par les mêmes devoirs : tant les sentiments qu'il exprimait étaient les miens, tant je sympathisais avec son langage, tant ses paroles sont celles que ma bouche eût prononcées !... Ne sont-ce pas en effet des paroles que doivent avouer tous les cœurs vraiment français ?

Pourquoi faut-il que mon illusion ait été de courte durée? pourquoi faut-il que les fins du réquisitoire de M. le procureur général m'aient promptement rappelé la différence de notre position à tous les deux? Il est venu, appuyé sur l'assentiment universel, réclamer la juste punition d'un épouvantable forfait. Moi, je veux, tout en couvrant ce forfait de la même exécration, réclamer une sorte d'intérêt pour son auteur.

Sa tâche était facile; la mienne ne l'est pas. Pourtant je ne l'ai pas entreprise sans un véritable encouragement. Cet encouragement, c'est à vous, Messieurs, que je le dois. Ce n'est pas la première fois que je porte la parole ici. Déjà j'eus à m'expliquer devant vous dans une accusation de complot. Quel auguste tribunal, et quels nobles juges! que d'égards pour les accusés! que de respect pour la défense! quelle conscience des devoirs qu'impose à des magistrats leur haute dignité! Ah! je ne l'ai point oublié. J'ai promis de m'en souvenir toute ma vie. Heureux de manifester un sentiment qui aura reçu, dans cette cause même, une force nouvelle, de l'admirable modération qui a présidé aux débats, de l'attention religieuse avec laquelle ils ont été écoutés et suivis !

Sur le crime en soi, pas une expression ne m'échappera qui ne soit celle de l'indignation la plus profonde. Un crime affreux dans sa pensée, non moins affreux dans son exécution ; un crime qui tendait à frapper, par le plus lâche assassinat, le meilleur, le plus sage, le plus nécessaire des rois qui nous aient été départis encore ; un crime qui, pour prix de son dévouement, depuis cinq années, à la chose publique, pour récompense de ses efforts afin de maintenir au dehors l'indépendance nationale, au dedans l'ordre, la liberté, la paix, voulait l'immoler, et du même coup sa jeune et noble race ; un crime qui devait nous plonger dans les horreurs de la plus sanglante anarchie, nous constituer en guerre avec les autres et avec nous-mêmes ; un crime qui, si la Providence a écarté de notre patrie tant de fléaux, a encore moissonné l'armée dans ses plus grandes illustrations, l'ordre civil dans ce qu'il avait de plus honorable, la jeunesse dans sa fleur, un sexe inoffensif, et jusqu'à l'enfance ; un crime qui, jonchant le sol de victimes, a répandu la désolation dans une multitude de familles, et affecté la France d'une consternation générale !!! un pareil crime, toutes les voix, toutes les consciences, toutes les opinions se soulèvent pour le proscrire et pour le condamner.

Mais alors que penser de celui qui l'a commis ?

Messieurs, il est des êtres (cela résulte apparemment de décrets impénétrables) qui, dès leur enfance, sont les jouets d'un inflexible destin. La fatalité pèse sur eux. En vain ils cherchent à s'y soustraire; en vain ils veulent lutter, de toute l'énergie de leur caractère, contre le sort qui les accable. La main de fer qui les comprime est roide., inexorable. Elle les saisit, elle les entraîne, elle les pousse au bord du précipice dans lequel il était écrit qu'ils finiraient par tomber.

Prenons Fieschi à sa naissance. Sa famille! malheureuse, et sans qu'il puisse espérer d'elle le moindre appui. Son éducation! toute négligée, il devra se faire lui-même. A peine au sortir du foyer paternel, il s'engage. Un moment la gloire a l'air de lui sourire. Il a embrassé le noble métier des armes. Il a déployé, jeune encore, une grande valeur. L'étoile des braves lui a été décernée sur le champ de bataille. Peut-être d'une origine obscure s'élèvera-t-il, comme tant d'autres, à un sort brillant!.... Une grande révolution s'opère. Le roi auquel il s'était attaché, tombe du trône. Il veut y remonter avec une poignée de soldats fidèles. Fieschi le suit aux plaines de la Calabre. La fortune trahit leur courage. L'expédition échoue. Le roi est fusillé. Les soldats sont condamnés à l'être... Ils ont leur grâce néanmoins; mais la carrière se ferme devant Fieschi. Le voilà battu et rejeté par la tempête. Plus tard, pour un fait peu grave, qui de nos jours et devant les tribunaux ordinaires, n'aurait entraîné qu'une peine légère, une accusasation criminelle l'atteint. Les présomptions lui sont défavorables. On ne veut plus voir en lui qu'un des brigands de l'expédition de Calabre. Il encourt une condamnation à dix années de détention. Il la subit.

Vous n'ignorez pas, messieurs, quelles préventions fâcheuses poursuivent, partout où ils jugent convenable de résider, les condamnés qui ont subi leur peine. Bien que l'expérience les ait corrigés, bien qu'ils veuillent, par une conduite sage, exemplaire, reconquérir l'estime et la confiance publiques, l'estime et la confiance publiques se sont à jamais retirées d'eux. Loin, loin, qu'ils fuient ! qu'ils aillent habiter une contrée où leur faute soit inconnue, où leur nom soit ignoré. Là seulement ils peuvent espérer du travail, un gain honnête, du pain que le déshonneur ne souille pas. Fieschi le comprend. Il quitte le théâtre de sa condamnation. Après avoir parcouru différentes villes, Grenoble, Lyon, Lodève, il arrive dans cette capitale qui permet au personnage le plus éclatant de vivre sans qu'on l'y remarque, qui permet à plus forte raison l'obscurité et la retraite à un pauvre condamné.

La révolution de juillet le trouve au nombre de ses combattants. Des travaux entrepris pour la Bièvre l'occupent pendant une année. C'est à cette occasion, c'est aussi lorsqu'il s'est agi de la distribution des récompenses nationales, qu'il fit la connaissance d'un homme dont il ne peut prononcer jamais le nom qu'avec attendrissement, d'un bienfaiteur, d'un père, de M. Lavocat. M. Lavoçat, après lui avoir procuré un emploi utile, avait fini par recourir quelquefois à ses services. Il aimait l'indépendance de son caractère, l'originalité de son esprit, la hardiesse, la précision de ses mouvements, et surtout cette fidélité dont Fieschi lui a si souvent donné des preuves. N'est-il pas à regretter qu'un étrange concours de circonstances, une passion mal placée et mal reconnue, aient éloigné Fieschi de cet homme dont le seul regard a sur lui tant d'influence, et auquel deux mémorables choses étaient réservées : l'une, de détourner de la tête du souverain le coup fatal ; l'autre, d'inspirer à Fieschi dans les fers le courage de dire enfin la vérité ?

Fieschi s'était depuis longtemps lié avec la femme Petit. Il avait fait pour elle tous les genres de sacrifices. Il l'avait meublée. Il avait poussé la faiblesse jusqu'à consentir qu'elle prît sous son nom l'appartement qu'il occupait avec elle. Tout à coup, entraînée vers d'autres affections, elle le chasse ; et Fieschi se trouve sur le pavé, sans ressources, sans asile, sans pain. Il tente de trouver un poste convenable à la préfecture de police ; impossible. Quelques ateliers s'ouvrent pour lui, mais huit jours, mais quinze jours au plus. Ils se referment, et la misère, la faim rentrent dans son modeste logis. Toutes les oreilles sont sourdes, tous les cœurs sont froids, tous ! Je me trompe, un seul, le docteur Perrève, vient à son secours, lui donne quelques deniers, le couvre de quelques vêtements ; et il faut que cette charité désintéressée, hospitalière, ait amené pour le docteur, par suite d'une prévention injuste, quoique fondée en apparence, dix jours d'emprisonnement !

Cependant Fieschi employait à d'utiles distractions les heures que l'absence d'occupations lui laissait de libres. Son esprit est naturellement observateur. Si, dépourvu d'éducation première, ayant été d'ailleurs élevé à parler un idiome étranger, il ignore les éléments de la langue française, il ne faut pas croire qu'il ne sache rien. Il sait beaucoup, au contraire. La nature de ses goûts l'a même porté vers l'étude des arts mécaniques. A l'armée, ce sont les travaux du génie, de l'artillerie, auxquels il se livrait particulièrement. A Paris, dans un moment de loisir, il trace le dessin d'une machine propre à la défense d'une place de guerre. Fatal dessin ! vous savez, messieurs, à qui la communication en a été donnée ; vous savez quelles funestes résolutions il inspira ; vous savez quels tristes encouragements reçut Fieschi, alors re-

cherché pour s'être fait attribuer quelques secours en la fausse qualité de condamné politique ;
vous savez, le désespoir qui l'agitait ayant été habi-
lement exploité , de quel horrible attentat son bras
fut l'instrument !

A Dieu ne plaise qu'après cet exposé des faits, je
veuille reprendre avec vous les différentes parties
de l'acte d'accusation. Pourquoi ce travail ? En ce
qui concerne Fieschi, que pourrais-je vous appren-
dre que vous ne sachiez déjà par ses aveux ? En ce
qui touche ses coaccusés, mon devoir est de me taire.

Mais tandis que le ministère public s'est montré
sobre de réflexions pénibles envers un malheureux
qui avoue son crime et le déplore, qu'elles ont été
amères les heures que lui réservaient les défenseurs
entendus à vos dernières audiences !

Comme ils l'ont tour-à-tour accablé des plus
cruels outrages, poursuivi des plus odieuses impu-
tations !

Hier même, l'un d'eux, à la voix éloquente, sans
doute, mais que je pourrais appeler satanique, lui
montrait déjà l'échafaud dressé, et le geste, l'ac-
cent, tout semblait dire : Dans quelques heures,
quoi que tu fasses, tu y auras porté ta tête....

Avocat, il était beaucoup moins préoccupé du soin

de produire des justifications (peut-être, hélas, trop difficiles) pour son client, que du besoin de le ver ger des révélations que Fieschi avait faites dans l'intérêt de la justice, inséparable de l'intérêt du pays.

Fieschi, messieurs, n'a pas été abattu; (Un homme de cette trempe, *cette âme de bronze*, suivant l'expression des docteurs qui l'ont traité, ne se laisse point aisément abattre !) mais il a été douloureusement affecté. « Je souffre plus en ce moment, » me disait-il, que le jour où je monterai à l'é- » chafaud. »

Je viens, par mes paroles, mettre un terme à cette torture morale que l'on a essayé de lui faire subir. Je viens rendre à son esprit le calme qu'il avait toujours gardé dans les débats. Je viens redresser, sur quelques circonstances de sa vie, l'opinion publique que l'on s'efforce d'égarer. Je viens démontrer que, s'il a eu l'audace d'un grand crime, mieux dirigé, il aurait pu se rendre utile à ses semblables par d'éminentes qualités.

Sa vie eut d'abord un côté fâcheux; mais est-il vrai que le mal n'ait pas été exagéré, qu'il soit aussi grand que l'on a voulu le faire ?

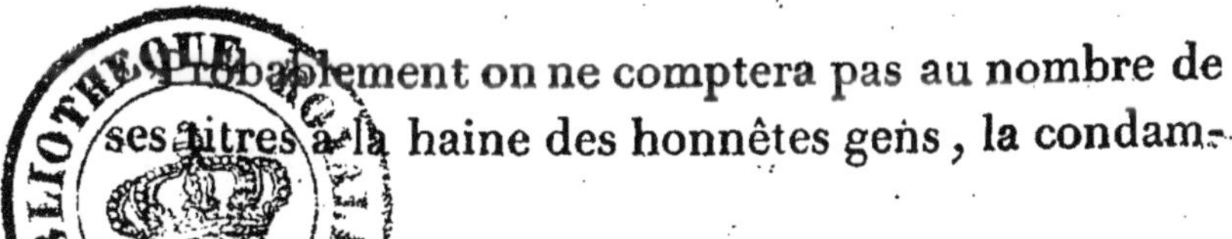

Probablement on ne comptera pas au nombre de ses titres à la haine des honnêtes gens, la condamnation à mort prononcée à Naples ; condamnation toute politique, condamnation dont la cause fut honorable, sa fidélité à un roi malheureux.

Parlera-t-on de la condamnation ultérieure à dix années de détention ? Quel en fut le motif ? le vol d'une vache. Cette vache appartenait à son beau-frère, dont il était le créancier. Corse, il avait cru pouvoir se faire justice à lui-même, se payer de ses propres mains. S'il n'eût pas été jugé dans ce pays, par un tribunal sans jury, en 1816, peu de temps après son retour de l'expédition de Calabre, j'ai de fortes raisons de penser qu'il eût été renvoyé absous.

Parlera-t-on de la fausse qualité qu'il a prise de condamné politique ? Il n'a pas été le seul dans ce cas ; et d'ailleurs, son assertion était-elle dénuée de fondement ! Soit qu'il fît allusion à la condamnation qu'il avait encourue à Naples, soit qu'il fît allusion aux dix ans de détention, peine qui lui avait été infligée principalement à cause de l'expédition de Calabre, Fieschi pouvait, jusqu'à un certain point, se considérer comme condamné politique et prétendre à des secours en cette qualité.

Parlera-t-on de l'usage qu'il aurait fait de pièces fausses ? Une ordonnance de la chambre du conseil a statué qu'il n'y avait pas lieu à suivre sur cette prévention.

Parlera-t-on de l'accusation d'escroquerie ? En

quoi aurait consisté le délit? à se faire attribuer la chétive somme de 245 fr. en qualité de condamné politique? Mais si Fieschi pouvait se croire autorisé à prendre cette qualité devant la commission des récompenses nationales, apparemment il pouvait bien croire, lui, combattant de juillet, qu'il avait également droit aux secours que l'on distribuait. Il n'y a donc pas eu d'escroquerie.

Voilà ce que la vie de Fieschi offre de peu honorable. Pour être juste, n'offre-t-elle pas une autre partie, noble, belle, et qui se recommande, Messieurs, à vos judicieuses méditations?

Je rappelle d'abord de quelle manière il a fait ses dix années de détention dans la maison d'Embrun. Quand un criminel est endurci, la peine le corrige rarement. Il ne cesse pas d'être dans sa prison tel qu'il s'était montré auparavant. Fieschi se présente à nous précisément sous un aspect contraire. Le directeur a été entendu dans l'instruction. Il a répété sa déclaration à l'audience. Qu'en résulte-t-il? que Fieschi, par sa bonne conduite, s'était attiré l'estime de ses chefs; qu'il avait été réputé habile à exercer différents emplois; qu'enfin il était sorti, après dix ans, avec cet avantage de n'avoir pas mérité une seule fois d'être puni, pour infraction à la discipline.

Depuis qu'il a quitté la maison d'Embrun, Fieschi sollicite de l'ouvrage partout, à Lodève, à Lyon, sur la rivière de Bièvre, au moulin de Croullebarbe, dans les ateliers de M. Lesage ; et s'il a été excité, entraîné par de perfides conseils (je ne veux pas savoir qui les lui a donnés) à commettre un effroyable attentat, de quelles lenteurs, de quelles hésitations, de quelles répugnances n'avons-nous pas vu son audace accompagnée ?

Vous avez conservé le souvenir de sa lettre à l'étudiant Janod. Il réclamait avec instance le paiement d'une somme de 500 fr. afin de rembourser de déplorables avances. Si cette somme lui eût été remise, l'attentat serait demeuré sans exécution.

Le matin même du 28 juillet, il cherche à s'étourdir. Il se rend chez le témoin Sorba qu'il entretient longtemps du projet d'un duel imaginaire.

Un peu plus tard, il rencontre dans un carrefour voisin, l'un de ses complices. Ce dernier témoigne sa surprise de ce que Fieschi n'est pas encore à son poste. Écoutons la réponse : « Est-ce que je n'ai pas » toujours le temps ? »

On voit qu'il va guettant partout une circonstance qui le mette à même de renoncer à son affreux projet.

Il se détermine toutefois à monter. Suivons-le,

pendant quelques minutes, dans son logement.

Deux sentiments prédominent dans l'âme de Fieschi : le premier, c'est la reconnaissance pour les services rendus : le second, c'est la fidélité à une parole donnée.

Fieschi jette par hasard les yeux sur la chaussée. Qu'aperçoit-il? M. Lavocat, à la tête de la 12e légion. Or, parmi ses prévisions, Fieschi n'avait jamais songé à celle-là. Il n'avait pas pensé que les coups destinés au roi pourraient frapper son bienfaiteur. A la vue de M. Lavocat, son esprit se trouble, ses yeux se remplissent de larmes, sa main hésite, ou plutôt elle n'hésite pas. La machine reçoit un mouvement qui la dérange, la traînée de poudre n'a plus de suite; nous devrons la vie du roi à M. Lavocat.

Malheureusement pour beaucoup d'autres, la 12e légion change de position. M. Lavocat s'éloigne. Fieschi est dégagé de toute crainte et le sentiment de la reconnaissance est satisfait. Alors ses promesses, ses coupables promesses lui reviennent à la mémoire. Il croit son honneur engagé. Les complices sont là qui l'attendent à l'œuvre. S'il ne l'accomplit pas, il doit se résigner aux reproches de lâcheté, d'escroquerie!.. l'infernale machine éclate.

Et quand, après quarante-deux jours de silence ou de dénégations, il est entré une fois dans le chemin de la vérité, comme il y a marché d'un pas assuré et ferme ! quelle précision, quel accord dans ses déclarations ! Les événements, les témoignages, les discours même de ses coaccusés se sont succédé, pour les confirmer l'une après l'autre ? Le ministère public a reconnu que l'accusation, pour se soutenir, n'avait rien de mieux à faire que de les reproduire et d'en démontrer la véracité.

Messieurs, est-ce qu'il n'y a pas quelques sentiments élevés dans cette âme-là? Et l'on s'étonne que Fieschi ait pu s'attirer de vives, de puissantes sympathies! Singulière morale qui voudrait qu'un coupable ne se rendît intéressant que par son audace, jamais par son repentir ; qu'il eût droit à nos éloges, quand il persisterait dans son impénitence, et que, lorsque les remords, le retour à des idées justes et raisonnables, le besoin d'éclairer la justice et de rendre hommage à la vérité, obtiendraient de lui des aveux, il méritât alors une violente réprobation !

Non, non ! cette morale absurde, empreinte d'une profonde immoralité, ne sera pas accueillie par une cour si haute, si éclairée. Vous ne lui donnerez pas, messieurs, votre sanction souveraine ; et désormais (ce n'est pas le client, c'est son défenseur qui vous le demande), les sympathies que cet homme a si vivement excitées , lui seront-elles stériles ? Traiterez-vous le Fieschi que vous connaissez, comme vous auriez traité Fieschi regrettant d'avoir échoué dans son crime, l'avouant avec impudeur, en tirant gloire, se faisant un jeu de l'audace et du mensonge, ne vous inspirant à tous qu'indignation, dégoût, mépris?

J'irai plus loin.

Supposons que Fieschi fût constamment demeuré muet, qu'il eût refusé d'entrer dans aucuns détails, qu'il n'eût signalé aucuns complices, et qu'aujourd'hui, arrivé seul sur ces bancs, il s'écriât : « J'ai des complices, mais je ne les nom-
» merai pas. J'emporterai mon secret dans la
» tombe. Si on veut le connaître cependant, que
» l'autorité me promette la vie sauve ! »

Est-il quelqu'un de vous qui pense que l'autorité dût reculer, qu'elle dût préférer le médiocre avantage de faire tomber la tête d'un misérable, au profit qu'elle recueillerait de la connaissance de toutes les ramifications d'un immense complot?

Eh bien, Messieurs, Fieschi a été plus grand, plus généreux. Quand il a dit la vérité, ce fut sans récompense demandée et sans récompense promise. Pas un seul mot n'a été prononcé par lui. qui indiquât le plus léger espoir. Il a, au contraire, protesté, et tous les jours, dans tous les entretiens, à l'audience, en dehors de l'audience ; il proteste encore contre la grâce qui lui serait accordée. Son sort sera-t-il moins digne d'intérêt, parce qu'il aura fait des déclarations spontanées, parce que, voulant réparer autant qu'il était en lui, l'horrible attentat dont il s'est rendu coupable, il aura, sans conditions, mis l'autorité sur la voie, aidé la justice dans ses investigations? Cette vie qu'il aurait marchandée lâchement, elle lui serait laissée. Cette vie pour laquelle il montre le plus profond dédain, on la lui arracherait !

Non, messieurs, il n'y aurait pas là justice, il n'y aurait pas là convenance. J'ajoute : Ce serait une leçon pour les criminels futurs.

La loi, dans sa sagesse, permet l'appréciation des circonstances atténuantes. Les cours et tribunaux tiennent journellement compte de l'entraînement, du repentir, de la franchise ; et vous, tribunal le plus élevé de tous, vous, corps politique et judiciaire, vous, juges et jurés à la fois, placés, comme vous l'êtes, au sommet de l'édifice social, vous n'useriez pas d'un droit que les moindres juridictions ne manquent jamais d'exercer !

Messieurs, la constitution de l'état vous confère de hautes prérogatives. Dans quelle circonstance plus favorable vous en serviriez-vous?

Dira-t-on que l'indulgence souvent est un encouragement au crime? Quel serait le criminel assez pervers, qui, s'il nourrissait dans son âme la pensée d'un pareil forfait, ne serait pas ému, attendri, désarmé par cette indulgence même? Cinna pardonné a-t-il conspiré contre Auguste? Les complots n'ont-ils pas, chez tous les peuples, succédé aux exécutions? La bonté, le pardon, la grâce, n'ont-ils pas partout prévenu les complots? Et puis, qu'ils viennent, qu'ils viennent les meurtriers! Y a-t-il pour eux dorénavant une chance possible de succès? Le souverain, que deux cent quarante balles, lancées à une distance de quelques pas, n'ont pû atteindre, ont respecté, tout en vomissant la mort autour de lui, ce souverain, le ciel ne l'a-t-il pas pris sous son évidente protection? N'a-t-il pas reçu le baptême de feu? Roi qu'il était déjà par notre choix, n'est-il pas aussi à présent roi par la manifestation d'en haut? Où sont-ils donc les meurtriers? qu'ils viennent; qu'ils reconnaissent leur impuissance; que le découragement, si ce n'est pas le remords, fasse tomber de leurs mains le plomb parricide. Pour eux, pour tous, la personne du roi est devenue sacrée. Le doigt de Dieu est là.

Objectera-t-on les nombreuses victimes atteintes par les coups de Fieschi? Ah! sans doute un sang si généreux appelait une éclatante satisfaction; mais cette satisfaction, ne l'a-t-il pas déjà obtenue? N'est-ce donc rien pour ces nobles, pour ces intéressantes victimes, que d'être tombées en préservant le roi, et avec le roi, la patrie? et les regrets et les sanglots dont leur trépas a été suivi! et la solennité des pompes religieuses qui ont accompagné leur inhumation! et tout Paris, avec ses environs, accourant, se pressant pour leur rendre les suprêmes devoirs! et le prince, précédé du clergé, jetant, les yeux en pleurs, l'eau sainte sur les restes inanimés de ceux qui étaient morts pour lui, à ses côtés! et les chants pieux faisant retentir les voûtes de la funèbre basilique! et l'oraison sacrée! et le deuil universel!... Ah! s'ils pouvaient s'exprimer, comme leurs mânes consolés rediraient encore ce mot à jamais célèbre : Grâce, grâce pour l'homme[1]!

Ne craignez pas au surplus, Messieurs, de faire, par un arrêt trop indulgent, violence aux inspirations du monarque. Craignez, craignez plutôt de leur faire violence par un arrêt trop rigoureux. Pourquoi de hautes convenances ne me permettent-elles pas de reproduire devant vous des

---

[1] Je rappelais ces paroles, le 13 février, anniversaire du jour où elles furent prononcées par M. le duc de Berry.

paroles que j'eus le bonheur de recueillir dans un auguste entretien ? quelle grandeur ! quelle magnanimité ! comme la France, si elle pouvait les connaître un jour, serait disposée à en aimer davantage son inappréciable souverain [1]... digne successeur d'un roi qui priait pour ses bourreaux.

Fieschi, j'ai accompli un pénible devoir. Si j'avais refusé d'abord de vous défendre, j'ai dû accepter ensuite la mission qu'un vénérable magistrat, parlant au nom des lois, m'a imposée. Je vous ai défendu comme je crois que vous désiriez l'être; non pas en atténuant le moins du monde l'horreur de votre forfait (vous-même vous ne l'auriez pas voulu); mais en expliquant par quelle incroyable série d'accidents, toujours indécis, incertain, avec une véritable répugnance, vous avez été entraîné à le commettre. Pour me servir d'une éloquente image empruntée à un procès fameux, *votre bras ayant lancé la foudre*, j'ai cherché à expliquer comment l'*orage s'était formé*. Les conséquences légales de ce forfait, je n'ose les entrevoir; mais ce qu'il m'est permis de dire hautement, c'est que vous avez su inspirer quelque compassion à ceux-là même qui vous avaient le plus en exécration... Indignation contre

---

[1] Cet entretien eut lieu à la suite du coup de pistolet tiré sur Sa Majesté au bas du Pont-Royal.

un atroce attentat , respect pour vos nobles juges ,
résignation à tous les outrages dont on vous abreu-
vait , comme à l'arrêt qui vous attend , voilà la de-
vise que je devais inscrire sur votre défense. Vos
propres sentiments me l'avaient d'avance dictée.
Par la franchise de vos explications, par la fermeté
de vos réponses, par la loyauté de votre repentir,
vous avez arraché au ministère public ce précieux
témoignage, que vous aviez expié votre crime, que
vous l'aviez même HONORÉ. Soyez content, Fieschi...
Maintenant que la justice humaine prononce !